// 黄荣华 女士 /

亚洲教练界宗师。大学主修管理，澳大利亚新英格兰大学咨询硕士，曾于美国哈佛大学肯尼迪政府学院深造。人本教练研究中心创始人，公益活动“成长心连心”创办人。

// 梁立邦 先生 /

亚洲企业教练学宗师。拥有文学学士、企业管理硕士及心理咨询硕士学位，曾前往美国加州深造。目前为人本教练研究中心教练。

九点领导力的训练是一个心态调适的过程，是一个内心的旅程，这个旅程可能不是一帆风顺的。当你有任何的需要时，可到我们的网站寻求尊贵传承教练的帮助，我们的网址：

rencoaching.com

REN
COACHING
人本教练

人本教练模式系列效率手册

九点领导力之负责任篇

黄荣华 梁立邦 著

浙江工商大学出版社
ZHEJIANG GONGSHANG UNIVERSITY PRESS
· 杭州 ·

图书在版编目（CIP）数据

九点领导力之负责任篇 / 黄荣华，梁立邦著 .-- 杭州：浙江工商大学出版社，2019.12
（人本教练模式系列效率手册）
ISBN 978-7-5178-3467-0

Ⅰ.①九… Ⅱ.①黄… ②梁… Ⅲ.①领导学—通俗读物 Ⅳ.① C933-49

中国版本图书馆 CIP 数据核字（2019）第 209143 号

九点领导力之负责任篇
JIUDIANLINGDAOLIZHIFUZERENPIAN
黄荣华　梁立邦　著

责任编辑　谭娟娟
封面设计　王杨帆
责任印刷　包建辉
出版发行　浙江工商大学出版社
（杭州市教工路 198 号　邮政编码 310012）
（E-mail:zjgsupress@163.com）
（网址 :http://www.zjgsupress.com）
电　　话　0571-88904980　88831806（传真）
排　　版　程海林
印　　刷　天津市祥丰印务有限公司
开　　本　880mm × 1230mm　1/32
印　　张　6
字　　数　103 千
版 印 次　2019 年 12 月第 1 版　2019 年 12 月第 1 次印刷
书　　号　ISBN 978-7-5178-3467-0
定　　价　48.00 元

目 录

第一部分
理论介绍

第二部分
具体操作

第三部分 总结补充

第一部分

理论介绍

关于效率手册 01

负责任能力六步曲

祝贺你，选择了这本《九点领导力之负责任篇》，这表明你已迈出了释放你与生俱来的负责任能力的第一步，接下来，简单地说，只须六步，三个月后，你会发现，你的这种与生俱来的负责任能力将会得以完全发挥！

>>> 第一步 选择本效率手册

你已完成了！

>>> 第二步 负责任测试

你可登录人本教练研究中心网站 www.rencoaching.com，测试你负责任能力的运用情况，根据这份测试报告，来设定、检视及修正自己的目标和行动计划。

>>>第三步 无分别心练习

根据人本教练模式的原理，体验及锻炼无分别心。

>>>第四步 愿意练习

根据人本教练模式的原理，体验及锻炼愿意的心态。

>>>第五步 主动练习

根据人本教练模式的原理，体验及锻炼主动承担及负责任。

>>>第六步 成功总结

祝贺你，又有了一次成功的体验！这是成功的一刻，开心的一刻，你的心里一定有很多很多的感受，把它写下来，然后，尽情地享受这美妙的时光吧！

重要建议

“人本教练模式系列效率手册”共有九本。根据人本教练模式的理论，九点领导力的起点是激情，有了激情，然后做承诺，再采取负责任的态度，欣赏身边的一切，心甘情愿地付出，信任他人，开创共赢的局面，这些过程会增添更大的激情，从而可以感召到更多的人参与，创造更多的可能性（详情请见《人本教练模式》一书，北京联合出版公司，2017 年版）。你可以按照此顺序进行领导力训练。

九点领导力的训练是一个心态调适的过程，是一个内心的旅程，这个旅程可能不是一帆风顺的，当你有任何的需要时，可到我们的网站寻求尊贵传承教练的帮助。

负责任篇

教练是一门通过完善心智模式、调适心态来发挥潜能、提升效率的管理技术。通过调适信念和心态，在过程中寻找自己的答案，拟订行动计划，创造出符合目标的未来。教练的作用发挥在调适阶段，教练是调适的有效工具。（详情请参考《人本教练模式》一书，北京联合出版公司 2017 年版）

02 关于负责任

何谓负责任

负责任就是为自己负责，不推责任给他人，不让自己有置身于事外之行为。我们都有一种“超凡”的能力——找别人责任的能力。很多时候，我们都会认为负责任是别人的事情，与自己无关，这就是不负责任的心态。负责任是一种心态，是对待事物或者生命的心态。古人说：“百善孝为先，循心不循迹，循迹贫家无孝子。”这句话的意思是，孝顺不在于做了什么，最重要的是有孝顺父母的心态。负责任也一样，负责任不必要做什么，最重要的就是心态上的负责任。孟子说：“人病舍其田而芸人之田，所求于人者重，而所以自任者轻。”这句话的意思是，人们的毛病往往在于放弃自己的田地不耕，却跑到别人的田里去除草，严格要求别人，对自己的要求却很松。把自己放在责任之外，以为别人的田地尽是杂草，而自己的田地里全是大豆高粱，还打出“帮助别人”的招牌，实际上是在推卸责任。对自己负责任是因为一切行为都是自己选择的结果，并不是外界施加的，因此，为自己的选择负责任是应该的。

推卸责任就如同成为外力下的牺牲者一样。很多人常常认为都是别人的错误导致自己失败，这些人不对自己的失败负责任，不去承担“我为什么会这样”“我现在是谁”，以及“我将会变得如何”的责任，对于这些承担，他们会认为自己是无能为力的。我们不能为自己负责任，是因为我们认为自己是被外界的力量控制，没办法控制自己，并认为自己的状况是别人造成的，因此，习惯性地把责任推诿给他人。美国社会心理学家凯利（Kelley）认为，人有一种“自利性偏差”（self-serving bias）的倾向，会把成功与失败做出不同的归因，会把自己的成功归因于内部因素，例如认为公司业绩的提升是因为自己的努力或自己的聪明才智；却往往把失败看成受外界因素影响，例如公司业绩下跌时，总是归因于别人。“自利性偏差”正好说明了推卸责任是人的一种倾向，就如《人本教练模式》一书所提到的，人们倾向于不为失败负责。

心理学家认为，人类的行为是有共通性的，中国台湾的心理学家游伯龙认为，人类行为中的一种共通性就是分散责任

(responsibility diffusion)，工作时不说清楚个人的责任，设法与别人分担责任。例如，人们倾向以团队的方式进行工作，虽然团队工作是一种比较有效率的工作方式，但是从另一个角度讲，人们喜欢团队工作还可能是因为可以分散责任。人本教练模式正好说明了这个现象，即人不倾向自己负责任，而是喜欢把责任推给他人，借以分散责任。

每个人都有终极的自由去选择如何掌握自己的生命和人生，即你可以选择成为“这样的人”。自由同责任是一体两面的，你选择了这样过日子，就必须要为已选择的方式负起全部的责任。只有负责任的人才有真正的自由，因为负责任的人会把自己置身于各种联系之中，在心态上担负责任，在行动上积极主动。

因为人存在着分别心，所以会有自私心理不愿意负责任。负责任必须是自愿的，不应该是被强迫的，行为上的主动就是负责任的表现。

无分别心

分别心的概念来自佛经，《金刚经》中说“人相、我相、众生相”就是分别心。佛家认为，现象世界的一切差别都来自人的分别心。人在意识上随着六尘（六尘：色、声、香、味、触、法）而起了分别心，例如因那人的声音粗哑而厌恶他，这就是起了分别心，世界因而产生种种的不平等。正因为有分别心，人常常和别人做比较，例如父母常常拿自己的孩子和别人的孩子比较，让自己的孩子成了“别人的孩子”。

心理学家也认为，人有一种共通的行为就是“社会比较”（social comparison）。即人需要在社会中了解自己的状况，但因为缺乏信息，所以事事都要与别人比较，以便了解自己的位置。例如，我们会与他人比较薪酬的高低。“社会比较”说正好说明人是有分别心的，人往往利用比较以区分自己与其他人，这正好和人本教练模式所说的相吻合。

知识就是分别心

分别心出于我们已有的知识，知识就是我们认识世界的框架。正因为有知识，令我们有分别心，你学到的知识越多，分别心就越大。佛经中说：“分别是识，无分别是智。依识染，依智净。染有生死，净无诸佛。”因此，禅宗否定一切分别之识，不允许意识分别参与其中。人本教练模式描述人若要不起分别心，就需要凭借本性去生活，只有透彻认识“人”，才可以使分别心消失。去除分别心才能够为任何事负责任，才能够在负责任的时刻体验到内心的自由。

社会认知心理学中有一种现象叫“刻板印象”（stereotype），这个现象认为，人会对事物产生一种概括且笼统的印象，例如我们会对医生有一种刻板印象，认为医生都是有学识的、富有的。这就是人本教练模式中所提及的知识，这些知识就如刻板印象般把他人分别出来，以医生例子而言，我们会把医生划分出来，认为他们与一般人的身份地位不同。刻板印象正好就是有分别心的表现。

负责任就是

人本教练模式中的负责任是一种自愿的心态。很多时候，人们负责任是因为被迫，因为追究责任时，总要有人去承担，然而这样的负责任并不是真的负责任。行为上负责任不代表内心里负责任，例如你开车不小心撞了别人的车子，之后你对受害者做出赔偿，很多人认为这就是负了责任。然而，这只是行为上负责任，并不代表真正心态上的负责。真正的负责，即你开车会很小心，为自己与别人的安全负责任。而当我们对别人说“你要负责任”时，内心的意思其实是“这是你的错”，这是一句找出谁对谁错的话，人们往往习惯把它们混在一起，还以为自己很负责任。

行

人可以自由选择，你可以选择不负责任，然而也需要对你所选择的不负责任负责任。负责任就是把责任归因到“我”，事情是因“我”而起，结果也因“我”而得，一切事情都是自由选择的结果，故你必须为自己的选择而负责。西方哲学家索伦·克尔凯郭尔（Soven Aabye Kierkegaard）认为，存在是先天的，而本质需要自己去创造，创造人的本质需要人的自我选择，我们需要决定自己是一个怎样的人，而自己怎样活也出于自己的选择，所以，人必须为自己的选择负责任。存在主义的看法正好和人本教练模式的看法相同，都认为我们需要自愿地做出心态上的负责任。

心理学家罗特（Julian Berhard Rotter）认为，人有着不同的内外控制向（locus of control）：内控制向（internal locus of control）和外控制向（external locus of control）。内控制向的人会觉得自己的生命是由自己操控的，即有着我可以决定自己命运的心态；而外控制向的人则认为自己的生命是由外界事物操控的，即命运操纵我的心态。内控制向的人会把事情归因到“因我而起”。人本教练模式认为，自愿的负责任就是要有内控制向，并认为世界上的事是因我而起的，这样的人会用愿意的心态去负责任。

主　动

主动负责任就是不问“为什么”

在《致加西亚的信》的故事里，有一个名叫罗文的人代表美国送信给古巴的一个叫加西亚的将军，其目的是获得合作。本故事的重点不在于其目的，而是罗文在拿到信后并没有过多地关注加西亚在什么地方，他只管主动积极负责任地把信送到加西亚手中。主动的负责任就是像罗文这样，不问“为什么”，而是积极主动承担起责任。先在心态上负责任，才能在行为上主动负责。

负责任不一定要做什么，负责任是自愿的，而自愿会使你主动积极地负责，不会心生埋怨，不会有压迫感，舒坦自在。当你有主动负责任的心态后，就会主动积极地想出解决问题的方法，而不是埋怨过去，推卸责任。心理咨询理论中，金·博格（Insoo Kim Berg）的焦点解决短期心理咨询（Solution-Focused Brief Therapy，SFBT）与人本教练模式里的“主动”有着相同的理念。焦点解决短期心理咨询认为，解决问题是不需要埋怨过去的，埋怨过去是没有意义的，过去的事已经发生，是不能改变的，只有主动积极地看未来才有机会找到问题的解决方法。

03 行前测试

现在，请你先登录 www.rencoaching.com 完成自我测量表。

自我测量表指引（网上测试）

第一次测试在开始使用效率手册之前，建议你现在就用不多于十分钟的时间去测试，第二次测试在三个月后你成功的那一天。

要提醒你的是：最佳的测试是用你的直觉来判断的，请跟随直觉而不是分析或他人的引导，只有你最了解自己。

04 自我检视

平时你是怎么负责任的呢？虽然你已经做过自我测量表，已经知道自己目前负责任的发挥程度，但现在，只是直观地让你留意生活当中，负责任在不同范畴的发挥程度，目的是让你看到现状，并有方向性地设立目标、行动计划及检视点等。

假如把我们每一个人的生活、每一个人的世界比作一个地球，我们生存的社会就是整个球体。通常，大多数人的家庭、工作和人际关系是构成球体的最大的三个板块，学习与健康则是球体的两极。可能你生活中还有些重要的板块，也是你想检视的，请写在空白板块上，如果还不够，你也可以在社会区域中画出来。

现在，先以 1~10 分来为你生活中的不同板块的负责任程度打分，1 分代表负责任的发挥最少，10 分代表最多。然后用你喜欢的彩色笔，把分数以比例的形式描绘在各板块上。比如，你在家庭部分的负责任发挥程度为9分，那么就在家庭板块上涂满9成的色彩，依此类推。

“负责任地球”让你看到自己各个部分的负责任程度，人本教练模式里的负责任就是要做到无分别心地去负责，而负责任必须要自己愿意，而且主动积极，故在此将检视你的无分别心、愿意和主动的能力。

“负责任地球”

无分别心是因为你利用知识做比较而产生的。社会比较是人的基本行为之一，我们每天都会与别人做比较，比较的原因正是你出现了分别心。

那么，你每天平均与多少个人做比较呢？________个

你会和他们比较什么呢？请具体写出来。

你可以从多个方面考虑，例如，我会与其他人比较成绩、收入等等。

在与其他人比较的过程中，你用来做比较的知识是什么？请具体写出来。

例如，如果你用收入的多少定义人的水平的高低，那么，你用作比较的知识可能就是收入高低代表着人的水平高低。如果我每月的收入是 1 万元，邻居陈生每月的收入只有 3 000 元，那么我就是利用这种知识去比较了人的高低。

根据以上定义，请你评估一下自己无分别心的分数（1分——拥有最少的分别心，如不会与人做比较、视所有人和事物都是平等的。5分——拥有最多的分别心，如常与人做比较，认为人与人之间不可能存在平等的关系）。

拥有最少的分别心	1	2	3	4	5	拥有最多的分别心

请你写出自己最近负责任的表现。

例如，我为打破别人的杯子而做出赔偿。

愿意就是在心态上自愿负责任，那么，除了在行为方面负责任外，你在心态上自愿负责任吗？

例如，你有承认自己打破了杯子的心态，并决定以后要小心，不再把杯子打破。

根据以上的定义，请你评估一下你有多愿意去负责任（1分——最不愿意，如我认为心态的负责任是多余的，只需要行为上负责任就可以了。5分——最愿意，如我认为负责任必须要自愿，只有自愿负责任才是真正的负责任，否则只是被迫的）。

最不愿意 1 2 3 4 5 最愿意

主动就是不去问“为什么”，只积极地去负责任。

1. 当你遇到困难时，你会先做什么呢?

□ 找出为何会有这个问题

□ 放眼将来，制订解决方案

□ 希望别人帮忙解决

□ 其他________

2. 你每天大概会问多少次“为什么”呢？________次。

3. 在负责任的层面上，你通常都是：

□ 主动去负责任

□ 被迫地接受责任

□ 不会负责任

4. 根据以上定义，请你评估一下你会有多主动地去负责任（1分——最不主动，如我只会问为什么，我不知道为什么我要负这个责任。5分——最主动，如我不会去问为什么，只会主动积极负起责任）。

最不主动　1　2　3　4　5　最主动

现在你已经完成了检视，后面的练习将会帮助你了解怎样才算是一个真正负责任的人，从而进一步使你的企业也成为一个负责任的企业。

第二部分

具体操作

成功蓝图指引 01

成功蓝图是你人生的大方向，是你人生的价值，是你人生的愿景。

这一步非常重要，成功只属于那些愿景清晰、强烈及有承诺的人。在这里，就是指把你的愿景用最形象的图画、最激动人心的文字、最绚丽的色彩描绘出来。

在接下来的3个月中，它会时刻激励着你、鼓舞着你，为你指引方向。3个月后，你会惊讶地发现，你的愿景有多清晰、多强烈，你就会有多成功！

在人的一生中，成功蓝图也许只需描绘一次，也许随着时间的推移和自我的成长，而需要重新描绘。然而，这仍将是你当前所设定的人生大方向。这3个月中，或许你还同时训练其他几点领导力，而成功蓝图在其中都是唯一和独特的。

在你开始这重要的一步之前，你要先准备好成功蓝图画板和彩笔，然后找一个安静、无人打扰的地方，舒服地坐好或躺好。假如眼镜、手表或腰带等太紧的话，先摘下或松开。

这些都准备好了，你就可以开始描绘成功蓝图。全部过程大约需要 40 分钟。

每日潜意识对话指引 02

你每天只要任选一个时段，用 15 分钟时间，在一个安静舒适的地方，和潜意识沟通，并持之以恒。3 个月后，你会发现你的进步如此神速！

现在，你已设定了之后 3 个月想要达到的目标和行动计划，每天也很清晰地知道行动的方向。

下面，先用一句话来表达你 3 个月要达成的目标，在你与潜意识对话的过程中需要这句话。这句话中不要用否定或负面的词语，也不要用“我要，我想，我希望”等将来式词语，而是直接说出 3 个月后你成为怎样的人。

例如，你的目标是“我要成为一个积极主动，用心态负责的人”，那么你可以这样表达：“我做到了成为一个积极主动用心态负责任的人！”然后，写在下面的横线上，并熟读几遍。

在每天开始这一步之前，请找一个安静的、无人打扰的地方，舒服地坐着或躺着，假如眼镜、手表或腰带等太紧的话，先摘下或松开。

当你都准备好了，就可以开始这重要的一步，这一过程大约需要 15 分钟。

注意：你的对话内容需要有明确的日期、明确的人物或事项，以及明确的成果。

身份带来不同的体验与期望 03

在人本教练模式里，知识就是你对世界的认识，而你的身份往往会为你建造一个去看世界的知识框架。相信你也知道，用不同的身份去经历同一件事会有不同的结果，体验会有所不同，责任也有所不同。你用老板的身份和用员工的身份看同一件事，会有不同的体验。知识为你建构了一套对世界的标准，例如，在脑海内，警察的职责是预防、制止和侦查违法犯罪活动。这些标准令人对世界有着不同的期望，例如，老板认为一个出色的员工应该做到守时，同时工作效率高，他会期望员工准时、绩效达标等等。

当别人不能达到你的期望时，你会有什么感觉？会抱怨、愤怒？你会有什么行动？会责骂对方，还是处罚对方呢？

别人不能达到你的期望时，你很容易就会掉入受害者的误区，会抱怨、愤慨。本练习将会带你从不同的角度看同一件事，尝试去体验与感受，令你了解什么是受害者的心态。

为了清楚理解你的身份及其带来的体验，请在下表列出自己今天所做的事，以及自己在那件事里的身份、感受和体验。

例如，我上午在公司里开会，那时的身份就是老板，对此我的感受是喜悦，我体验到了同事们对我的支持。

事件	身份	体验	感受

以上所写的是你自身的感觉与体验，现在，请你在以上所写的事件中选出一项你感到最被迫和悲伤的，作为下面的练习材料。

以下练习将会帮助你从另一个角度，试着从别人的观点与角度出发，去体会别人的感觉和体验。

你所选的那件事是怎样的，现在请你想一想，并具体地写出来。

在这件事中，你的角色是？

这件事有没有其他人牵涉在内？

现在，请从牵涉在内的人中选出一个你最希望去感受的。

现在，请你准备录音设备，然后遵从以下的步骤来操做。

1. 假设你已经回到过去，这件事重演一次，所有的事再说一遍。

请你把在事件中所说的对白对着录音机再说一遍。

2. 说完以后，请你感受一下。试着闭上眼睛，待 30 秒后再把双眼睁开。

你说这番话时，有没有以下的感受：

☐ 指责

☐ 愤怒

☐ 不平

☐ 生气

☐ 怀恨

☐ 没有以上感受

3. 录音完毕后，不要着急再次播放。在再次播放前，请你尝试变成另一个身份，用另一个身份去聆听和感受。

现在，你要变成什么身份？

你现在可以把刚才录下的对白再播放一次，记住，你是用另一个人的身份与角度去聆听的。

4. 听完以后，请你感受一下。试着闭上眼睛，待 30 秒后再把双眼睁开。你用别的身份重听这段录音时，有没有以下感受：

☐ 指责

☐ 愤怒

☐ 不平

☐ 生气

☐ 怀恨

☐ 没有以上的感受

5. 现在，请你用另一个身份完成下表。

事件	身份	体验	感受

当你只从自己的角度看世界时，你经常会觉得受到了伤害，因为你认为自己是对的，如果别人不能达到你的期望，你就会感到受了伤害，受害的心态让你不能为体验负责任。受害者会认为所有事都与他无关，他只会指责他人、指责环境。他的焦点是向外的，试问这样的人如何负起责任呢？

如果你在以上的练习中感受到指责、愤怒，你就掉入受害者的误解中。例如，当员工的绩效不能达标时，会使老板感到非常愤慨，让老板进入受害者角色。作为受害者的老板只会指责员工，认为员工做得不好。可以看到，既有的标准和期望很容易使人掉入受害者的误解中。

如果人可以从别人的角度看同一件事，感受将会不同。因为这是你的盲点，当你可以看到自己的盲点时，你就可以看到对方的立场和体验。例如，如果老板可以从员工的角度看事情，他可能会了解到员工不能达标是因为监督不足，这样，老板便可以找到自己的责任，而不会基于受害者的角度指责员工，并用正面积极的心态去面对同一件事。

在以上的练习中，你可以看到自己的责任了吗？你能不能为以上所有事件负责任呢？你现在可以尝试每天找出一个事件，用以上的方法，看看自己是否是真正的受害者。

不自愿也需要负责任

很多人不会为自己的体验负责任，因为很多时候他们都认为自己是被迫去做某些事情的。当一个人认为自己是被迫地做某事时，便会把责任推卸给他人，认为自己不需要负责任。

当老板叫你加班的时候，你认为是被迫加班的吗？

请你想一件自己被迫做的事情，只要想就可以，不用把它写下来。现在，你需要把眼睛闭上，在脑海中想一下这件事，就像播放一部电影。

之后，睁开眼睛，想想以下问题：

1. 在这个事件中，你看到了什么？你是否看到逼迫你做事的那个人，他/她的样子是否很凶？

2. 你听到了什么？你是否听到一个很刺耳的声音把你的声音盖住，让你不能出声，只能硬着头皮去做被迫要做的事呢？

3. 你有什么感觉？是否感到很不自愿，认为自己是受害者呢？

我快要窒息了，这不是我想要的，为何你要逼迫我做这些事情？

4. 你体验到了什么？你是否体验到强权的威力？

为何你总是要把我限制住，不让我自由？

5. 最后，你觉得真实情况应该是怎么样的？

☐ 受害

☐ 负责任

你认为应该如何为体验负责任？

……………………………………………………………………………………

……………………………………………………………………………………

……………………………………………………………………………………

……………………………………………………………………………………

……………………………………………………………………………………

……………………………………………………………………………………

……………………………………………………………………………………

……………………………………………………………………………………

人们常说，这件事不是我想做的，我是被迫的，为什么要我承担责任？现在你可以跟自己说，这都是借口，原因是一些不负责任的心态。任何事情都是出于选择做出的，不选择也是一种选择。

例如，老板叫你加班的时候你可以选择不加班，你不是被迫去做某些事情，你所做的任何事情都是出于选择的。既然任何事情都是出于你的选择，世上也就没什么被迫或不被迫，你必须要为自己的选择负责任。

不幸……

人的一生中可能会遇到很多不幸的事件，你是否想过，为何你会觉得这些事件是不幸的呢？你是否真的对人生负起责任了呢？

试想一个你认为不幸的事件。

在这件事中，你的角色是？

在这件事中，你如何演绎你的角色呢？

你的体验是什么？

你是否体验到自己很受害？如果是，能否描述一下你的受害程度？

当你有受害者心态时，你的感觉是正面的还是负面的？

在这些不幸的事件中，你认为你有责任吗？你的责任在哪里？

如果你用负责任的心态重演一遍这件事，你会如何重写剧本呢？

试把剧本写在下面的空格内。你不一定要用文字描述，也可以画出来，甚至可以叫朋友一起重演。

受害者的责任

想象一下，有一天晚上，你在寂静的街道上行走，突然，有 3 名持刀的人来抢劫你。他们不断殴打你，把你打成重伤，最后把你身上的财物抢劫一空。

当你遇到这样的不幸时，你的想法是什么？

遇到不幸时，你的感受是什么？

在以上想法中，你有感到受害吗？

当你有受害者心态时，你的感觉是正面的还是负面的？

在这些不幸的事件中，你认为你有责任吗？你的责任在哪里？

现在，请你尝试用负责任的心态看待这件不幸的事，你会有什么感觉？

当你用负责任的心态看待这件不幸的事时，你的感觉是正面的还是负面的？

相信你已经可以体验到，当你可以用负责任的心态看待事情的时候，你会有更正面的感觉，行动也会变得更主动积极。

下面让你看一些似乎与你无关的事，你是不是有责任呢？

别人的责任

你负责任的范围有多大？你是否认为别人的事与你无关？有一天，站在你旁边的一个路人突然冲出马路被车撞伤，你认为你的责任在哪儿？

也许你会觉得这不是你的事情，与你无关，可是你也必须为你的体验负责任。当你有负责任的心态时，就会对自己和路人负责，会更加注意交通安全。

04 无分别心地限制知识与比较

第一次检视

练习一：无分别心地限制知识与比较

检视——无分别心

进度检视

当你完成本部分的练习后，你将会学到：

了解自己拿来做比较的知识

去掉“识”，做到无分别的“智”

无分别心地为所有事情负责任

第一次检视

1. 你会与他人比较什么？

- □ 收入
- □ 成就
- □ 权力
- □ 穿着
- □ 外表
- □ 其他

2. 在什么情况下你会与他人比较？

- □ 当感觉到自己不如他人时
- □ 为了满足自己的虚荣心时
- □ 不会与他人比较
- □ 其他

3. 当你遇到一位乞丐时，你会：

☐ 认为他的地位比你低

☐ 认为他是社会中最卑劣的人

☐ 认为他与所有人都一样

☐ 其他

练习一：无分别心地限制知识与比较

无分别心就是不去比较，不去分辨哪些责任是自己的，哪些责任是别人的。令我们对别人有分别心的是知识，我们常常会拿知识与别人做比较，使自己觉得与别人有分别，从而让自己无法做到负责任。

现在，请你想一想有没有一个人是你常常会拿来做比较的。

他 / 她是谁？

你与他 / 她比较的是什么？

例如，我常常和我的朋友比较业绩。

在这次比较中，你所用的知识是什么？

例如，收入就是用来区别地位高低的凭证，这就是我用以比较的知识。

比较就是有分别心的表现，就是我们利用已有的知识与别人做比较。那么，我们如何做到无分别心呢？第一步就是要去除已有的知识，如我们要撇开业绩高低代表人的地位高低的这个知识。当你可以撇除人的知识，看到的就是人的本性，本性无分高低，并且不存在任何差别。因此，只要撇开一切人世间的知识，就可以做到无分别心。

现在，当你撇开一切的知识，再看自己之前与之做比较的人，你觉得他/她是怎样的？

例如，我看到的他/她是最纯真的人，并且与万物一样，无分别。

....

....

....

....

....

....

....

....

....

....

....

看到本性是做到无分别心的关键点，你能够看到每个人的本性，便可以做到无分别心了，因为本性就是人最真实的一面，不受任何知识限制。

请你尝试找出最本真的自己（本性）。

你可以回想自己最本真的价值观，本性就是最真、最原本的自己。

例如，剔除一切知识后，我的本性就是想追求自由自在、无拘束的生活。

你用以做比较的那个人的本性是什么？

尝试从日常生活中观察出来。

当你可以剔除一切知识去了解别人的本性时，就会知道本性是不存在高低的。因此，当你了解到自己和别人的本性时，就可以真正做到无分别心了。

请评估一下你现在的分别心有多大（1 分——最少分别心，如不会与人做比较、视所有人和事物都是平等的；5 分——最多分别心，如常常与人做比较，认为人与人之间不可能存在平等关系）。

最少分别心　1　2　3　4　5　最多分别心

你现在和理想状态之间差距的分数是多少呢？

你认为中间的差距是什么？

例如，哪些是我放不下的阶层观念？

那么，你将如何缩小中间的差距？

例如，尝试用平常心看待每一个阶层的人。

本性是无高低之分的。相信现在的你已经了解到什么是无分别心，未来的一周里，请你尝试利用无分别心找出别人的本性，并做到真正的无分别心。

现在，请你为这七天定下目标。

日程	要用无分别心去看的人	如何做到（如找出本性）
第一天		
第二天		
第三天		
第四天		
第五天		
第六天		
第七天		

一周后，你再为你的目标做出检视。

检视——无分别心

完成了一周的练习后，现在请你检视一下你是否已经达到目标。

日程	要用无分别心去看的人	是否达到目标
第一天		是 / 否
第二天		是 / 否
第三天		是 / 否
第四天		是 / 否
第五天		是 / 否
第六天		是 / 否
第七天		是 / 否

如果有目标尚未达到，请你写出是什么阻碍了你不能达到目标？

例如，那一天很忙，不能去认真了解那个人的本性。

你必须做到什么才可以达到目标？

例如，利用自己以往的记忆去了解那个人。

评估一下你现在的分别心有多大（1 分——最少分别心，如不会与人做比较，视所有人和事物都是平等的；5 分——最多分别心，如常常与人做比较，认为人与人之间不可能存在平等的关系）。

最少分别心　1　2　3　4　5　最多分别心

进度检视

恭喜你，已经完成了无分别心的练习。现在，请你检视以下有关无分别心的达成情况。（请选出适合你的情况的选项，并用圆圈圈出）

1. 了解自己用做比较的知识。

达成度

0　　　50%　　　100%

2. 去掉“识”，做到无区别的“智”。

达成度

0　　　50%　　　100%

3. 无分别心地对所有事情负责。

达成度

0　　　　50%　　　　100%

注意！别忘了返回本阶段的“第一次检视”（第 67 页）部分，完成你的检视。

05 愿意——真正负责任之心

当你完成本部分的练习后，你将会学到：

区分追究与负责任

做到自愿地负责

用内归因找出自己的责任

第一次检视

1. 当你打破杯子时，你会：

□ 立即捡拾碎片

□ 心态上为这件事负责，并了解如何预防这类事的发生

□ 除了捡拾碎片外，心态上还会为这件事负责

□ 其他

2. 当你的工作出现失误时，你会：

□ 先找别人为失误负责任

□ 找出自己的错误，并负责任

□ 做补救措施

□ 其他

练习二：愿意——真正负责任之心

在做本练习前，请先看看以下的例子，并完成问题。

名利公司去年因为现金流动出现问题，决定利用举债来解决流动资金问题，结果因为利息支出太大而导致亏损。公司内，老板开始兴师问罪，认为总要有人为这件事负责任，最后他认为财务部有着不可推卸的责任，因为财务部没有评估好举债的成本与风险，而且没有做好负债的控制，以致发生问题。结果，该公司的财务部被迫负起责任，扣除了该部门员工的薪资。

你认为该公司的老板应该负责任吗？

你认为该公司的财务部应该负责任吗？

你认为在本事件中要负责任的人是谁？为什么？

如果你是该公司的老板，你会如何负责任？

自己所选，自愿负责——真正负责任的心态

你完成以上的问题后，也许可以分别出该公司的倒闭是谁的责任了，然而在人本教练模式内，真正的负责任是不存在分别心的。因此，在上述例子中，该老板不应该把失败的责任分别出来，并施加到别人身上，他应该做到无分别心，自己负起责任。

除了无分别心外，负责任的心态就是愿意。我们要用自愿的心态负责任，在例子中，财务部实际上是负了责任。一般人以为负责任只是行为上的，但真正的负责任是心态上的负责任，而且负责任是出于自己愿意的心态，并不是像该财务部一样被迫负责任。

该公司的老板必须用负责任的心态去对待公司的亏损，用中立的心态检视一下现在可以做些什么，而不是用受害者的心态去追究过去，找别人负责任。负责任是无分别的，老板也应该自愿负责任，根据人本教练模式的理论，只有自己愿意的负责任才是真正的负责任。

练习三：归因——真正愿意负责任的重要技巧

我们不能自愿地负责任是因为我们往往把事情的失败归究于外在因素（简称外归因），认为都是别人的错，自己没错。

上文例子中，该老板认为公司亏损是因为财务部的错误，非自己的责任。该老板不能够负责任是因为他把公司出现亏损的“因”归向于外，认为自己一点儿错误都没有，外归因令该老板不能做到真正的负责任。

归究内在因素（简称内归因）是达到负责任的重要技巧。松下电器的创始人松下幸之助就是一个能为自己的失败负责任的人，松下始终抱着“成功在运气，失败在自己”的内归因心态，因为只有自愿地负责任才可以不断进行检查与改善。我们可以看到内归因是愿意的重要技巧，现在，本练习将帮助你做到真正的心态上负责任。

现在，请你构想一件自己做成功的事，然后写下来。

请详细描述一下那件事。

在这个成功的事件中，你认为达到成功的因素是什么？

试把这些因素分类为内归因，以及外归因。

例如，内归因：这是出于我的努力。外归因：这是因为别人的协助。

内归因	外归因

在以上的表格中，内归因有多少个？ ________个。

在以上的表格中，外归因有多少个？ ________个。

你是内归因多，还是外归因比较多？

☐ 内归因

☐ 外归因

现在，请你回想一件自己曾经做失败的事，然后写下来。

请详细描述一下那件事。

在这件失败的事件中，你认为导致失败的因素是什么？

试把这些因素分类为内归因和外归因。

例如，内归因：这是出于我的决定错误。外归因：这是因为别人的失误。

内归因	外归因

在以上的表格中，内归因有多少个？________个。

在以上的表格中，外归因有多少个？________个。

你是内归因多，还是外归因比较多？

☐ 内归因

☐ 外归因

一般人会将成功归功于自己，失败归因于别人，这些人不会为失败自愿地负责任。现在，相信你已经了解自己成功与失败的原因，在未来的两周，你将会每周检视一次，并定下目标，为做出真正心态上的负责任而努力。

第一周的检视

过去的一周，相信你已经经历了很多成功与失败。现在，请你列出本周内做成功和失败的事。

成功的事	失败的事

现在，请你为本周内做成功和失败的事做出归因。

成功的事	归因
	内归因
	外归因

失败的事	归因
	内归因 外归因

有哪些失败或成功的事是没有内归因的?

是什么原因让你找不到内归因?

你如何才可以找到内归因呢？

请把你新发现的内归因写到下面的图形中。

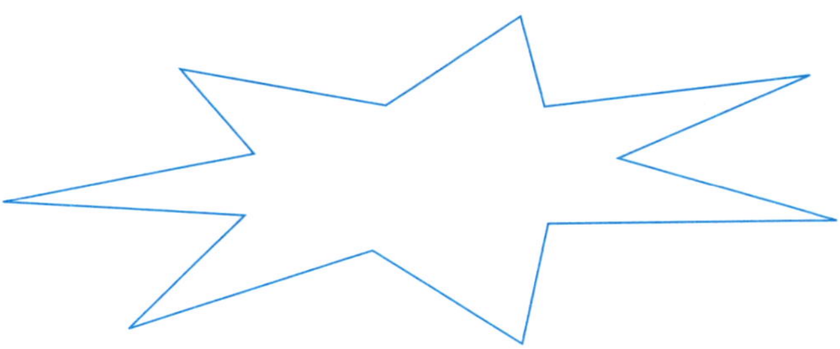

现在，请你评估一下自己本周的负责任程度（1 分——最不负责任，如事事推诿他人而认为自己没有错；5 分——最负责任，如抱有事事我也有责任的心态）。

最不负责任　1　2　3　4　5　最负责任

现在，请你评估一下在未来一周可以达到的负责任程度（1 分——最不负责任，如事事推诿他人而认为自己没有错；5 分——最负责任，如抱有事事我也有责任的心态）。

最不负责任　1　2　3　4　5　最负责任

现在，你已有了目标分数，希望你可以在未来一周努力达到该目标。

第二周的检视

又过去了一周，相信你又经历了很多成功与失败。现在，请你列出本周内做成功和失败的事。

成功的事	失败的事

现在，请你为本周内做成功和失败的事做出归因。

成功的事	归因
	内归因 外归因

失败的事	归因
	内归因 外归因

有哪些失败或成功的事是没有内归因的？

是什么原因让你找不到内归因？

你如何才可以找到内归因呢？

请把你新发现的内归因写到下面的图形中。

现在，请你评估一下自己本周的负责任程度（1 分——最不负责任，如事事推诿他人而认为自己没有错；5 分——最负责任，如抱有事事我也有责任的心态）。

最不负责任	1	2	3	4	5	最负责任

世上所有的事都是出于个人的自由选择，因此，人必须为自己的选择负心甘情愿地心态上的责任。

进度检视

恭喜你，你已经完成了愿意的练习，现在，请你检视以下有关愿意的达成度。（请选出适合你的情况的选项，并用圆圈圈出）

1. 区分追究与负责任：

达成度

0　　　　50%　　　　100%

2. 做到自愿地负责：

达成度

0　　　　50%　　　　100%

3. 用内归因找出自己的责任：

达成度

0　　　　50%　　　　100%

注意！别忘了返回本阶段的“第一次检视”（第 87 页）部分，完成你的检视。

06 为什么——主动负责任的一大障碍

第一次检视

练习四：为什么——主动负责任的一大障碍

练习五：去掉指责式“为什么”

一周的检视

进度检视

当你完成本部分的练习后，你将会学到：

不问为什么

主动积极负责

主动寻找解决方法

第一次检视

1. 当出现不如意的事情时，你会：

☐ 问为什么，找出问题的原委

☐ 不问为什么，积极主动地找出问题的解决方法

☐ 心态上为这件事负责，并了解如何预防这类事而让它不再发生

☐ 其他

2. 负责任必须要：

☐ 做到行为上负责任

☐ 不一定要做什么，只要心态上负责任即可

☐ 需要心态与行为两方面的负责

☐ 其他

练习四：为什么——主动负责任的一大障碍

主动是负责任的行动方式。主动的先决条件就是自愿的心态，要先有自愿的心态才可以在行动上主动负责。主动的人不会埋怨过去，埋怨过去的人只会找别人负责任，这是一种受害者的心态，受害的行动就是指责他人。

没有负责任心态的人会问“为什么”，问的目的只是追究责任，例如，“为什么你把事情弄到这个地步？”这类“为什么”的焦点在于过去。而另一种“为什么”的模式则是如科学家所问的“为什么”，这类“为什么”的焦点不在于指责，它最大的作用是为世事万物定义，探寻事情背后的真相，人类的知识大楼也是建基于这类“为什么”。

主动的先决条件是不问指责式的“为什么”，问指责式的“为什么”只会令你埋怨于“因”，并对自己或他人做出指责，不能主动负责任。

现在，你必须要去除你的指责式“为什么”，只有去除了指责式的“为什么”，才可以做到积极主动负责任。

着眼于过去是没有意义的，因为过去是不能改变的，只有放眼将来，并为事情负起责任，才可以看到事情的可能性。因此，你现在必须去除指责式“为什么”。

现在，请你想一件过去做失败的事。

这件事是什么？

如果现在让你用“为什么”去问你失败的这件事，你会怎样问?

例如，为什么我的公司会亏损?

你以上所问的“为什么”是指责式的“为什么”，还是探询式的“为什么”？

☐ 指责式的“为什么”

☐ 探询式的“为什么”

现在，如果你用探询式的“为什么”去询问你的失败，你会怎样去问呢？

例如，为什么公司的流动资金会不足？

现在，如果你不用“为什么”去询问你的失败，你会怎样去问呢？

例如，我怎样做才可以改变现状呢？

....

....

....

....

....

....

....

....

....

....

....

通过以上的练习，相信你已经看到了指责式的“为什么”是不具任何前瞻性的，它只是埋怨过去，指责他人，只会令你故步自封，不能为事件负责任，不能解决你希望解决的问题。

现在，针对你所遇到的困难，请你用放眼于将来的方式问问题，你会怎样问呢？

例如，我怎样做才可以改变现状呢？

如果叫你回答以上问题，你会怎样回答？

……………………………………………………………………………………

……………………………………………………………………………………

……………………………………………………………………………………

……………………………………………………………………………………

……………………………………………………………………………………

……………………………………………………………………………………

……………………………………………………………………………………

……………………………………………………………………………………

……………………………………………………………………………………

……………………………………………………………………………………

……………………………………………………………………………………

以下一些案例和方法将会帮助你从日常生活中去除指责式“为什么”。

突破每一天——家庭篇

请你先阅读以下例子，然后再回答下面的问题。

有一天，一位爸爸回家后发现地上落满玻璃碎片，而家里只有他的儿子在。他问儿子："为什么满地都是玻璃碎片？"儿子答："不知道。"爸爸接着说道："一定是你打破了杯子，你真的很顽皮。"接着，那位父亲不停地责备儿子，并惩罚了他。

以上的例子中，这位爸爸问了什么问题？

这位爸爸问问题时，他的着眼点是什么？是过去还是将来？

☐ 着眼于过去

☐ 着眼于现在

☐ 着眼于将来

如果这位爸爸着眼于将来，你认为他会问怎样的问题？

如果这位爸爸着眼于将来，那么，你估计这个故事的结局会是怎样的？

在以上例子中，这位爸爸是一个负责任的爸爸吗？

☐ 是

☐ 否

你认为这位爸爸如何才能成为一名负责任的爸爸？

………………………………………………………………………………

………………………………………………………………………………

………………………………………………………………………………

正如人本教练模式的理论所言，负责任要积极主动，不要着眼于过去。以上例子中，这位爸爸只着眼于过去，不能放眼于将来，以改善现有的状况。结果，他所做的只是破口大骂。他并没有收拾好玻璃碎片且未做好对未来的预防工作。

一个负责任的爸爸应该着眼于将来，并预防类似的事件再次发生。如果这位爸爸把眼光放于将来，他可以问怎样才能预防类似事件的再次发生，他就会想到应该把其他的玻璃用品放好，让孩子不容易拿到杯子。

突破每一天——朋友篇

请你先阅读以下的例子，然后再回答下面的问题。

阿甲与阿乙本身是好朋友。有一天阿甲向阿乙借钱，阿乙答应了，一个月后阿乙要求阿甲还钱，阿甲则无奈地说他无法还钱，阿乙问他：“你为什么无法还钱？”阿甲说阿乙没有说过何时需要还款，所以他可以暂时不还。结果，双方发生争执，破坏了朋友之间的友谊。

在以上的例子中，阿乙问过什么问题？

当阿乙问问题时，他的着眼点是什么？是过去还是将来？

☐ 着眼于过去

☐ 着眼于现在

☐ 着眼于将来

如果阿乙把眼光放于将来，请问他会问怎样的问题呢？

如果阿乙放眼于将来，那么，你预估这故事的结局是怎样的？

如果阿乙想追讨欠款，他应该问什么问题？

甲乙两人的朋友关系会破裂是因为阿乙着眼于过去，只是埋怨为什么阿甲不能够还钱，并没有好好想过“如何”才能使阿甲还款，最终只能以冲突收场。

如果阿乙以将来做着眼点，愿意和阿甲商讨如何还钱，再重新订立一个双方都能接受的还款期限，很可能这个故事的结局会被改写。

突破每一天——工作篇

请你先阅读以下的例子，然后再回答下面的问题。

在和平公司里，老板每年都会为公司的销售人员定下该年的营业额任务。在年终时，销售人员若不能达标，老板就会问销售人员："为什么今年未能达标？"并且追究责任。而销售人员知道业绩转差的原因是外在经济不景气，他们都不甘心被迫负这个责任，最后集体辞职了。

在以上的例子中，该老板问过什么问题？

....

....

....

....

....

....

....

该老板问问题时，他的着眼点是什么？是过去还是将来？

☐ 着眼于过去

☐ 着眼于现在

☐ 着眼于将来

你认为该老板问“为什么”的目的是什么？

如果该老板放眼于将来，你预估他会问怎样的问题呢？

如果该老板放眼于将来，那么，你预估这个故事的结局是怎样的？

在以上的例子中，该老板是个负责任的老板吗？

☐ 是

☐ 否

你认为该老板如何才能成为一名负责任的老板？

…………………………………………………………………………………………

…………………………………………………………………………………………

…………………………………………………………………………………………

…………………………………………………………………………………………

…………………………………………………………………………………………

…………………………………………………………………………………………

…………………………………………………………………………………………

…………………………………………………………………………………………

…………………………………………………………………………………………

…………………………………………………………………………………………

…………………………………………………………………………………………

在以上的例子中，该老板不能做到真正的负责任，因为他不愿意承担营业额下降的责任，所以他利用“为什么”来追究员工的责任。

如果该老板是负责任的，他必定会负起责任，并放眼于将来，想出怎样解决问题，而不是把责任推给他人，让自己置身事外。

通过以上3个例子，相信你已经更加了解指责式“为什么”的害处。之后的练习将会帮助你去掉你的指责式“为什么”。

练习五：去掉指责式“为什么”

经过了之前的练习，相信你已经有了放眼于未来的目光。现在，请你想一个情景，比如发生了一些你意料之外的事。

那件事是怎样的？请你描述出来。

例如，突如其来的股灾令公司股价大跌。

此时，你第一个想到的问题是什么？

很有可能你想到的就是指责式“为什么”的问题，别怕，现在，当你有指责式“为什么”的问题时，请你和自己说“停”，停止思考，把思考方向转向将来，现在就把问题写出来。

你以上所写的是属于指责式“为什么”的问题、探询式“为什么”的问题，还是“解决方法”的问题？请你把它们区分出来。

指责式“为什么”的问题，例如，为什么政府不能防止股灾？

探询式“为什么”的问题，例如，为什么股灾会出现？

“解决方法”的问题，例如，怎样才能降低公司的损失？

如果它仍然属于指责式“为什么”的问题，你会怎样把这个问题改为探询式“为什么”的问题或“解决方法”的问题？

现在，你已经可以去掉指责式“为什么”，请你完成以下检视。

一周的检视

经过了多番努力，相信你已经能够去除指责式“为什么”，现在，请你完成以下检视，好让你明白过去7天所取得的成果。

在过去7天里，有没有一些你意料之外的事发生？请把它们写在下表中。

例如，突如其来的股灾。

日程	意料之外的事
第一天	
第二天	
第三天	
第四天	
第五天	
第六天	
第七天	

那么，对于这些意料之外的事，你每天所用“为什么”问句或“解决方法”问句的百分比是多少？请把它们画出来。

第一，现在，请你把 7 天内的“为什么”和“解决方法”问句次数总结在以下的图表中。

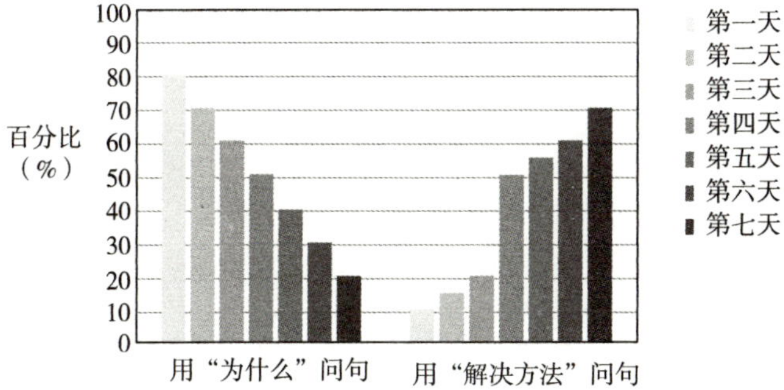

第二，现在，请画出你自己的图表。

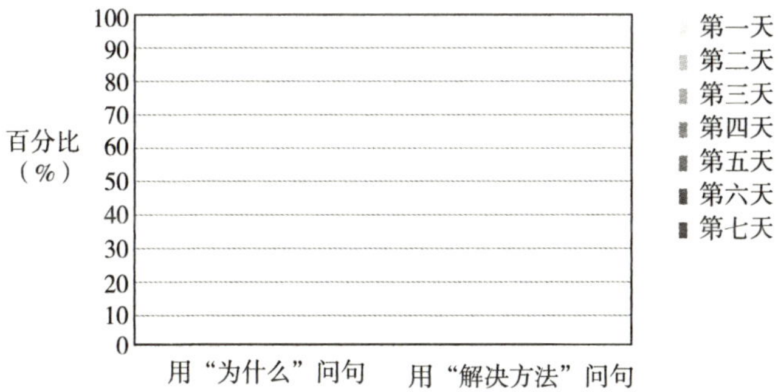

恭喜你，相信你已经可以看到自己努力的成果，现在已经可以做到真正主动地在心态上负责。现在，你可以利用已经学会的负责任为企业负责，并开始创造努力的成果。

进度检视

恭喜你，你已经完成了以上的主动练习，现在，请你检视以下有关主动的达成情况。（请选出适合你的情况的选项，并用圆圈圈出）

1. 不问为什么。

达成度

0　　50%　　100%

2. 主动积极负责。

达成度

0　　50%　　100%

3. 主动积极地寻找解决方法。

达成度

0　　50%　　100%

注意！别忘了返回本阶段的“第一次检视”（第 121 页）部分，完成你的检视。

企业篇：共同负责任的企业 07

在进行练习前，请你详细阅读景美公司的会议内容。

总裁：今天我们将会决定融资收购嘉宝公司的事宜。

总经理：以现在市价计算，如果要从市场上吸纳 51% 嘉宝公司的股份，需要 20 亿美元。

生产部经理：当我们收购嘉宝公司后，每件产品的生产成本将会下跌 15%。

营销部经理：收购后，我们的市场占有率估计可以达到 80%，我赞成进行收购。

财务部经理：现在，公司的流动资金只有 1 亿美元，而流动资产也只有 4 亿美元。如果利用借贷来收购，到时将会影响公司的资产负债比，此举动将会严重影响财务的稳定性和投资者的信心，这是一次风险很大的收购。

公关部经理：收购后我们的公司将会更壮大，我们的公司形象将会更好，投资者的信心也会上升。

财务部经理：的确，收购会为我们带来很多好处，如果盈利上升，我们的每股盈利及本益比皆会上升，这也会增加投资者的信心，但盈利是伴随风险的。因此，为了获得收购的好处，这些风险是必须承受的。

在这次会议中，你认为谁已经为收购这件事负责任了呢？

你认为财务部经理为什么要做这个冒险的决策？

如果你是一个负责任的财务部经理，你会怎样用负责任的心态去为这件事负责呢？

以上例子中，每人都做出了冒险的决定，原因是什么？各位可能会说企业内的责任分散了，所以每个人的责任少了，令他们可以做出这么冒险的决策。实际上，他们做这个冒险的决策是因为他们没有一个人愿意为这件事负责，他们认为让别人同意的话，责任就不在自己，成功的时候可以将成功归功于自己，失败时就把责任推给他人，并认为自己没有责任。因为他们做出的一些不负责任的决策，公司将走上一条非常冒险的路，令公司有破产的危机。

试想一个你做决策时的情况，当时情况是怎样的？

你做决策时，有为这个决策负责任吗？如有，请写出你是如何负责任的。

例如，我有负责任，因为我是以公司的利益为着眼点，并为自己的决定采取负责任的态度。

如果你原本没有负责任的心态，现在可以用什么心态为自己的决策负责？

你觉得一个负责任的领导是怎样的？试描述一下。

在负责任的层面上，你是一个怎样的人？试描述一下。

两者存在差距吗？

你认为差距是什么?

例如，有一些事我并未做到完全负责任等。

你会如何缩小差距?

例如，了解自己的责任在哪里。

从别人的观点看——你会看到自己的责任

从以上景美公司的例子可以看出，其实集体负责代表着责任的推卸，这些人看不到自己的发言或决定会对公司有何等重大的影响，他们只从自己部门的角度考虑，他们不能为公司负责任。

一个人能够从多角度思考，便能看到自己的盲点，从而可以看到自己的责任在哪里。以下练习将会引导你做出多角度思考。

试想一个你做决策时的情况，当时的情况是怎样的？

你所做的决策是什么？

例如，决定举债。

试描述一下你当时有关负责任的心态。

例如，我认为我只是企业的一个很小的部分，企业的事与我无关。

现在，你需要尝试从多角度去思考。试试从不同的角度去看，你会找到什么其他责任？

例如，我从股东的角度看，举债会增加利息支出，从而导致亏损的风险等。

当你看见这些责任时，应该用怎样的心态去负责呢？

多角度是一个重要技巧，帮助你去寻找自己的责任，令自己有真正的责任感。在未来一周，你可以利用这项技巧去与企业共同负责任。

检视：企业篇

经过了一周的努力，相信你已经可以做到共同负责任，现在，请你检视一下你的成果。

在过去一周内，你做过哪些决策？你可以写出你的责任和你是否担起了这个责任。

决策	责任	你是否做到了负责任呢?
		□ 是 □ 否
		□ 是 □ 否
		□ 是 □ 否

如果用多角度去思考的话，你可以找到更多的责任吗？请你把增加的责任写出来。

现在，你感觉到自己的负责任程度有多大？（1 分——最不负责任，5 分——最负责任）

最不负责任　1　2　3　4　5　最负责任

第三部分

总结补充

总结 01

恭喜你，相信你已经是可以做到心态上负责的人了。经过多番努力后，现在是时候检视一下你的努力了。

请评估一下你在完成本效率手册的练习后的无分别心程度（1 分——最少分别心，如不会与人做比较，视所有人和事物都是平等的；5 分——最多分别心，如常常与别人做比较，认为人与人之间不可能存在平等的关系）。

最少分别心　1　2　3　4　5　最多分别心

请你评估一下在完成效率手册的练习后，你有多愿意去负责任（1 分——最不愿意，如我认为心态上的负责任是多余的，只需行为上负责任就可以；5 分——最愿意，如我认为负责任必须要自愿，自愿负责任才是真正的负责任，否则只是被迫的）。

最不愿意　1　2　3　4　5　最愿意

现在，请你评估一下你在完成效率手册的练习后，有多主动去负责任（1 分——最不主动，如我只会问为什么，不知道为什么要负这个责任；5 分——最主动，如我不会去问为什么，只会主动积极地负起责任）。

最不主动　1　2　3　4　5　最主动

现在，请你把完成本效率手册的练习前的无分别心、愿意和主动的分数（请参考第 16 ~ 25 页的自我检视部分）及完成本效率手册的练习后的分数画在下图。

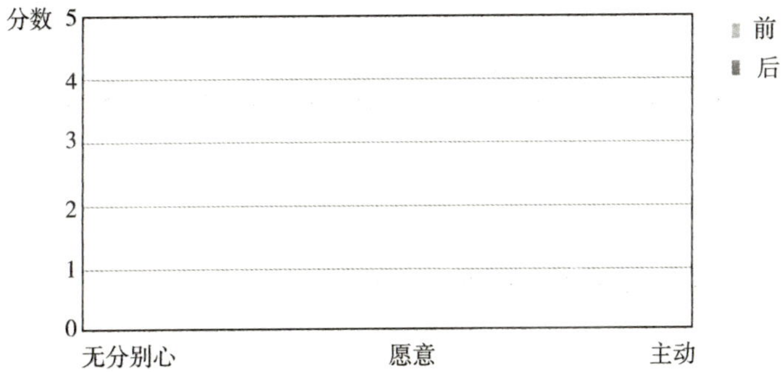

恭喜你！经过多番努力，现在，你已经能够做到用主动积极的态度负责任了。

02 应 用

在你完成本练习后，你可能会在工作及生活中取得很多成就。然而，当你用这种模式去支持他人，令他人也像你一样发挥九点领导力时，他人也会面临一个心理调适的过程，教练就是在心理调适中发挥出巨大的作用。实践负责任能让你在支持别人时得心应手，从而也令我们的社会、民族不断进步！

为支持你在练习时更好地应用负责任，请详细阅读以下策略：

1. 确定问题。

- 协助对方找出问题的核心。

2. 以无分别心、愿意和主动来找出行动中与模式有差异的地方。

- 协助对方区分无分别心、愿意与及主动；

- 无分别心就是视任何事或物都是平等的平常心；
- 愿意就是自愿负责任的心态；
- 主动就是不问为什么，积极地负责任。

3. 厘清目标和方向。
   - 协助对方厘清在该问题上的期望。

4. 列出差异所产生的后果。
   - 协助对方找出在该问题上的期望与行为的差异所造成的结果。

5. 找出不同的处理方式。
   - 协助对方列举不同的可能性。

6. 为自己做选择。
   - 让对方做选择。

请用一周时间在生活中找一个案例来练习。

1. 确定问题。

2. 以无分别心、愿意和主动找出行动中与模式有差异的地方。

3. 厘清目标和方向。

4. 列出差异所产生的后果。

5. 找出不同的处理方式。

6. 为自己做选择。

附　录 03

下面是关于目标设定的 SMART 系统的详细介绍。

specific	明确的
measurable	可测量的
attainable	可达到的
relevant	相关联的
trackable	可检视的

specific 明确的

目标是清晰明确的。直接、具体、清晰地说明什么时间做到什么事，不仅自己很清晰明了，而且也要让别人一看就清晰明了。不能用相对的时间或数量，如“15 天内”或“增加 30 万元”等，而是用具体、绝对的时间或数量，例如，“在本年 12 月 31 日，公司营业额达到 100 万美元”。

measurable 可测量的

目标可以被自己或他人测量。当目标明确（specific）时，即用具体、绝对的日期或数量时，目标便可以被测量。例如，用了多少时间，做到多少数量等，非常清晰。若目标用形容词或程度副词来设定，如“最快的时间内做到最好”等，每个人对“最快”和“最好”的标准都不同，是很难衡量的。

attainable 可达到的

可达到的有两层意思。第一层意思是目标是有可能在设定的时间内做到的，具有实际操作意义，而不只是一厢情愿的愿望、一个振奋人心的口号。如果目标不切实际，并不可行，不仅徒为形式，还会对自己构成压力，影响自信心。例如，“我要在某年某月某日前带领我的团队做到整个部门的总营业额之百分之五十”等，设定时要充分考虑是否有切实可行的步骤，是否有可能做到。第二层意思是目标需付出努力才能做到，而不是按照常规做法就会做到的。例如，以一伸手就能摘到的果子作为目标就不是很有意义，反而需要用尽全力跳起来才能摘到的果子作为目标才有意义。假如平时的业绩已经每月 100 万元，目标还是设定为每月 100 万元就显得没有意义，应该把通过各种努力把业绩做到“每月 200 万元”的目标有设定的意义。

relevant 相关联的

相关联的也有两层意思。第一，目标与行动计划是相关联的，行动计划是围绕目标来制订的。例如，目标是关于提升领导力的，而行动计划却是关于公司业绩的，便是没有直接的关联。第二，目标和整体方向必需是相关联的、一致的。例如，大目标是“我在某年某月某日（6 个月内）体重减至 80 公斤”，而行动计划却只是关于公司业绩的提升，没有关于减肥的，那就是没有直接的关联。又或者行动计划中只有两个月的计划是关于减肥的，倒不如把大目标就设定为两个月。当然你的大目标中可以有几个不同方面的目标，上述提及的只是目标和行动是否有联系或一致。

trackable 可检视的

目标与行动计划在不同的阶段，要根据行动计划的特征定下检视点。当你觉得自己偏离了方向时，或想调整前进的速度，甚至有新的体验和发现时，可以修正行动计划。例如，“到某月某日（一个月内）体重减至 70 公斤”，并不是一个月结束时才去称体重，可能是天天称，也可能是一周称一次。因此，在行动计划中应该设下明确的检视点。

04 参考书目

[1] SMITH E R，MACKIE D M. Social Psychology (2nd Ed.) [M]. Philadelphia，PA ：Psychology Press，2000.

[2] 理查德·格理格，菲利普·津巴多 . 心理学与生活 (第 16 版) [M]. 王垒，王甦，等，译 . 北京：人民邮电出版社，2003.

[3] 郭念锋 . 国家职业资格培训教程心理咨询师 [M]. 北京：民族出版社，2005.

[4] 黄荣华，梁立邦 . 人本教练模式 [M]. 北京：北京联合出版公司，2017.